Erste deutschsprachige Ausgabe, 2010
Titel des katalanischsprachigen Originals: *El maputxe sense ombra*
© für den Text: Ramon Girona
© für die Zeichnungen: Maximiliano Luchini
© für die deutsche Übersetzung: Christa Pabst, Pabst & Pesch, 2010
Aufmachung: Jordi Avià

ISBN: 978-3-941358-04-1

Gedruckt und gebunden bei Gráficas 94, Polígon Can Casablancas
c./ Garrotxa, nau 5 - E-08192 Sant Quirze del Vallès
Zeichnungen mit Bleistift, Crayon und Rechner angefertigt.

Pabst & Pesch Verlag, Schulstraße 34, B-4730 Raeren
Auskünfte zum Programm von Pabst & Pesch finden Sie unter
www.pabstpesch.eu

Der Mapuche ohne Schatten

Volksmärchen der Mapuche-Indianer

Erzählt von Ramon Girona
Gezeichnet von Luchini
Übersetzt von Christa Pabst

PABST ꙮ PESCH

Vor langer, langer Zeit,
als noch kein Europäer Patagonien betreten hatte,
da konnten einige Bäume reden,
ja sogar gehen.

Schon damals wuchs dort der Pehuén,
ein riesengroßer Baum,
der bis zu 30m hoch wurde und mehr als 1000 Jahre
alt werden konnte.
Aus den Samenkörnern dieses Baumes
bereiteten die Mapuche ihr
Brot und auch ein Getränk,
das sie *Mudai* nannten.

Damals lebten die patagonischen Hexen
in Höhlen an den Hängen des Vulkans Copahue.
Mit ihrer Hexenkunst zähmten sie
Unwetter und boten den gefährlichen Lawinen Einhalt.

Wenn sie wollten, konnten die Hexen sich auch
in Tiere verwandeln oder sich unsichtbar machen.
Die Mapuche erzählten sogar,
dass die Hexen die Zukunft vorhersagen könnten.
Eines Tages machte sich der Mapuche
Kalfulemu auf den Weg zu einer solchen Hexenhöhle.

Das war zwar sehr gefährlich, aber Kalfulemu wollte
unbedingt das Geheimnis der Hexenkunst erfahren.

So schritt er denn aufgeregt und ängstlich
zwischen den Dornbüschen voran,
bis er unmittelbar vor
dem Eingang der Höhle stand.
Von hier aus konnte er schon
den Schein der Feuer sehen,
welche die Hexen niemals löschten.

In diesem Augenblick rief jemand aus dem Inneren der
Höhle Kalfulemu bei seinem Namen.
Kalfulemu erschrak heftig und rannte den Berg hinab,
so schnell er konnte.

Erst als er ganz unten angekommen war, bemerkte er,
dass er seinen Schatten verloren hatte.

Verzweifelt blickte Kalfulemu zur Höhle hinauf.
Da sah er seinen Schatten. Er war an den
Dornbüschen am Eingang hängengeblieben.

Von nun an galt Kalfulemu als verwunschen,
weil er ja keinen Schatten besaß, und alle Leute
machten einen weiten Bogen um ihn.

Weil er so einsam war, ging Kalfulemu
nun sehr oft zu einem Pehuén und saß stundenlang
im Schatten seiner Zweige.
Er versuchte, dem Baum zu erklären,
was in ihm vorging; er war nämlich sehr traurig,
weil er keine Freunde mehr hatte.
Es machte ihm auch Sorgen, dass niemand mit ihm
handeln oder ihm Arbeit geben wollte,
denn so war er mit seiner Familie arm geworden.

13

Während Kalfulemu das immer wieder erzählte,
entstand zwischen ihm und dem Baum eine richtige
Freundschaft.

„Du bist ein guter Mensch, Kalfulemu," sagte der
Pehuén, „aber du hast Dinge wissen wollen, die kein
Mapuche je erfahren hat, und das ist sehr
gefährlich." Der Baum wiegte seine Zweige und fuhr
fort: „Ich will dir helfen, Kalfulemu, deinen Schatten
zurück zu bekommen.

Nimm meine Kerne und bereite daraus Brot und Mudai."

Und während Kalfulemu Kerne sammelte,
sprach der Baum weiter:

„Die Hexen sind sehr mächtig, aber uns, den
Pehuén, tun sie nichts zuleide; denn uns gab
es hier schon lange bevor es die Hexen gab."

Dann erklärte ihm der Baum noch,
Kalfulemu müsse die Höhle erst bei Dunkelheit betreten,
nachdem es pechschwarze Nacht geworden sei,
weil die Dunkelheit alle Schatten verschlucke.
Aber verlassen müsse er die Höhle noch vor Tagesanbruch.
Brot und Getränk sollten die Hexen ablenken,
solange Kalfulemu noch in der Höhle war.

So nahm Kalfulemu Abschied von seiner
Frau und seinem Sohn,
brachte dem Pehuén eine Opfergabe
und begab sich zum Vulkan Copahue,
der zwei Tagesreisen entfernt war.
„Was ich mit zwei Schritten schaffe,
dafür brauchst Du zwei Tage,"
hatte ihm der Pehuén gesagt.

Und genau so war es: nach zwei Tagen,
als es schon Nacht geworden war,
erreichte Kalfulemu den Vulkan.

Mit großer Vorsicht ließ Kalfulemu
Brot und Getränk am Höhleneingang
und versteckte sich in der Nähe.

Bald darauf erschien eine Hexe am Höhleneingang,
schnupperte an Brot und Getränk,
stieß einen Freudenschrei aus und verschwand
mit allem in der Höhle.

Als Kalfulemu ganz vorsichtig die
Schwelle der Höhle überschritt,
sah er rings um das
Feuer herum eine Gruppe von Hexen,
die sich eifrig über das Brot
und das Getränk hermachten.

Kalfulemu sah nun auch,
dass das Feuer eine Reihe von Schatten an die Wand warf,
und erkannte darunter seinen eigenen.

Schnell ergriff er ihn, aber beim Verlassen
der Höhle bemerkte er,
dass die übrigen Schatten diejenigen der Bewohner,
der Tiere, der Bäume und der Häuser seines Dorfes waren!

Mit Erstaunen erkannte Kalfulemu,
dass die Schatten nachts zur Höhle reisten,
weil die Hexen sie brauchten, um die Zukunft zu gestalten.
Während er in einem Winkel der Höhle saß,
konnte Kalfulemu von der Wand ablesen,
was den Bewohnern seines Dorfes
am nächsten Morgen, am übernächsten,
dem darauf und so immer weiter,
geschehen würde.

21

Und während Kalfulemu so die Zukunft
seines Dorfes erkannte,
vergaß er ganz und gar,
dass er die Höhle vor Tagesanbruch
verlassen musste.

Aber der Morgen graute schon, und die Hexen,
die alles aufgegessen und –getrunken hatten,
was Kalfulemu gebracht hatte,
riefen ihn beim Namen.

Rasch stand Kalfulemu auf
und lief ohne Zögern hinaus.

Die wütenden Hexen schickten zwei
Schatten hinter ihm her.

Draußen im Freien und im Licht der aufgehenden
Sonne wuchsen die Arme der Schatten,
sie wurden länger und länger und hatten Kalfulemu
schon fast erreicht – da rief dieser in seiner Angst
und Verzweiflung den Pehuén zu Hilfe.

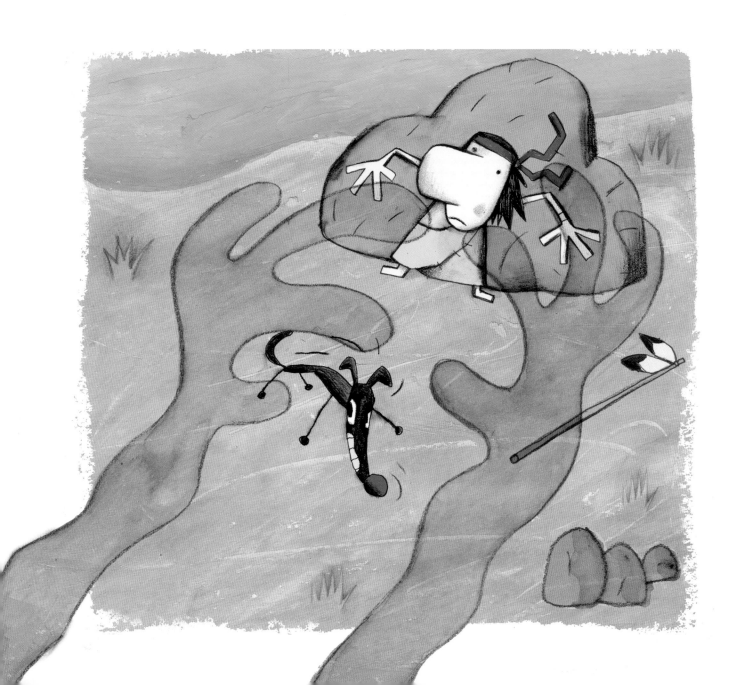

Der gewaltige Baum zog seine Wurzeln aus der Erde,
war mit zwei Schritten bei Kalfulemu und stellte sich
zwischen ihn und die Schatten.

„Du hast Dinge gesehen, Kalfulemu,
die niemand vor dir zu Gesicht bekommen hat,
und deshalb wirst du zum Vorsteher deines Dorfes
werden," sagte der Pehuén.
„Aber deshalb darfst du es auch
niemandem erzählen, " bestimmte er.

Und in diesem Augenblick wurde Kalfulemu stumm.

Obwohl er nicht sprechen konnte,
weil er aber so viel erfahren hatte, war
Kalfulemu ein weiser und gerechter Herrscher.

Wenn er den Dorfbewohnern seine
Entscheidungen mitteilen wollte,
tat er dies mit Hilfe des Pehuén.
Und so sorgten beide, der stumme
Dorfvorsteher und der sprechende Baum,
gemeinsam für das Wohlergehen des Dorfes.

Erst lange, lange Zeit später,
als die Europäer nach Patagonien kamen,
da verstummte auch der Pehuén.